知識・技能（音声）	思考力・判断力・表現力
まぎらわしい母音 [e]，[æ]，[ei]	与えられた視覚的情報を□□□□□□□□□□説明した単文レベルの英文を正しく聞き□□□□
まぎらわしい母音 [ɑːr]，[əːr]，[ʌ]	与えられた視覚的情報を□□□□□□□き取り，理解することができる。
まぎらわしい母音 [ɔː]，[ou]，[ɔi]	日常生活において必要となる基本的な情報を聞き取り，把握することができる。
まぎらわしい母音 [ɔː]と[ɔːr]，[a]と[ɑːr]，[ʌ]と[əːr]	与えられた視覚的情報をもとに，ある状況や場面，事物を描写説明した英文を正しく聞き分けることができる。
まぎらわしい子音 [l]，[r]	事前予測ができる情報がない中で，会話的な不意の問いかけに対する適当な応答英文をすばやく判断し，処理することができる。
まぎらわしい子音 [s]，[z]，[ʃ]，[ʒ]，[θ]，[ð]	与えられた視覚的情報をもとに，状況や場面，事物を描写説明したやや長めの英文を正しく聞いて理解することができる。
まぎらわしい子音 [b]，[v]，[f]，[h]	日常生活において必要となる基本的な情報を聞き取り，把握することができる。
まぎらわしい子音 [tʃ]，[tr]，[dʒ]，[dr]	平易な英語で話されるごく短い説明を，イラストを参考にしながら聞いて，概要や要点を把握することができる。
まぎらわしい子音 [θ]と[f]，[ð]と[z][d]	日本語で事前に与えられる状況設定および視覚的情報と音声情報から，その場面で求められている課題を解決することができる。
まぎらわしい子音 子音+[l]，[r]	身近なことに関する内容を聞き取り，理解することができる。
まぎらわしい子音 （語末にくる子音）	平易な英語で話されるごく短い説明を，イラストを参考にしながら聞いて，概要や要点を把握することができる。
数字の聞き取り （基数・序数）	平易な英語で話されるごく短い対話を，場面の情報などを参考にしながら聞いて，必要な情報を把握することができる。
数字の聞き取り （分数・小数）	音声英文の中から，事前に与えられた英文質問に答えるために必要な情報を選択して引き出し，求められている解答を導くために適切な判断をすることができる。
数字の聞き取り （年号・時刻）	音声英文の中から，事前に与えられた英文質問に答えるために必要な情報を選択して引き出し，求められている解答を導くために適切な判断をすることができる。
数字の聞き取り （金額・単位）	平易な英語で話されるごく短い説明を，グラフを参考にしながら聞いて，概要や要点を把握することができる。
数字の聞き取り （電話番号・アドレス）	身近なことに関する内容を聞き取り，理解することができる。
短縮形・省略形	平易な英語で話されるごく短い対話を，場面の情報などを参考にしながら聞いて，必要な情報を把握することができる。
英文のリズム	与えられた視覚的情報をもとに，ある状況や場面，事物を描写説明した英文を正しく聞き分けることができる。
イントネーション	与えられた視覚的情報をもとに，道案内の場面のやや長めの英文を正しく聞いて理解することができる。
意味のまとまり	平易な英語で話されるごく短い対話を，場面の情報などを参考にしながら聞いて，概要や要点を目的に応じて把握することができる。

Picture Description

Answer Sheet

イラストの内容を表す文として，３つの英文が読まれます。その中から，最も適切なものを１つ選びなさい。英文は１回読まれます。

Active Listening ②
Lesson 1

1. 🔘 1

①   ②   ③

2. 🔘 2

①   ②   ③

3. 🔘 3

①   ②   ③

4. 🔘 4

①   ②   ③

1. ① ② ③
       （5点）

2. ① ② ③
       （5点）

3. ① ② ③
       （5点）

4. ① ② ③
       （5点）

Total
/20

Class

No.

Name

 **Target 1**

まぎらわしい母音 ［e］，［æ］，［ei］

聞いてみよう！

［e］	日本語の「エ」とほぼ同じ音だが，それよりも少しだけ舌の位置を低くして発音する。		check ［tʃék］ nest ［nést］ enter ［éntər］ healthy ［hélθi］ expect ［ikspékt］ forever ［fərévər］
［æ］	日本語の「エ」というときの口の形を保ったままで，「ア」と言う感じで発音する。		damage ［dǽmidʒ］ happen ［hǽpn］ attack ［ətǽk］ perhaps ［pərhǽps］ planet ［plǽnət］ grammar ［grǽmər］
［ei］	２つの別々の音ではなく，［e］の音から［i］へと移行して１つの音として発音する。		famous ［féiməs］ major ［méidʒər］ paper ［péipər］ danger ［déindʒər］ paint ［péint］ vacation ［veikéiʃən］

 Check 5

英単語が３つ発音されます。写真の英単語が何番目に読まれたか，○をつけなさい。英語は１回読まれます。

1.

pet

1番目　2番目　3番目

2.

cap

1番目　2番目　3番目

3.

letter

1番目　2番目　3番目

Words and Phrases
garbage ［gá:rbidʒ］：ごみ
beside ［bisáid］：…のそばに
knee ［ní:］：ひざ

At Work

イラストを参考にしながら対話と応答を聞き，最も適切な応答を１つ選びなさい。英文は１回読まれます。

Active Listening ②
Lesson 2

1.

   ①　　　②　　　③

2.

   ①　　　②　　　③

3.

   ①　　　②　　　③

4.

   ①　　　②　　　③

1. ①　②　③
（5点）

2. ①　②　③
（5点）

3. ①　②　③
（5点）

4. ①　②　③
（5点）

Total

/20

Class ....

No. ....

Name ....

Target 2

まぎらわしい母音 [ɑːr], [əːr], [ʌ]

聞いてみよう！

[ɑːr]	日本語の「ア」よりも口を大きく開き，のどの奥で長めに発音する。同時に舌全体を後ろに引く。		army [ɑ́ːrmi] darkness [dɑ́ːrknəs] farmer [fɑ́ːrmər] pardon [pɑ́ːrdn] sharply [ʃɑ́ːrpli] alarm [əlɑ́ːrm]
[əːr]	力を入れないで弱く「ア」を発音し，舌全体を後ろに引く。舌の先はどこにも接触しない。		curtain [kə́ːrtn] firmly [fə́ːrmli] hurt [hə́ːrt] learner [lə́ːrnər] return [ritə́ːrn] Thursday [θə́ːrzdei]
[ʌ]	上下両方の唇を横に引っ張り，日本語の「ア」を出す感じで発音する。弱く発音されると [ə] とまぎらわしくなる。		bus [bʌ́s] fund [fʌ́nd] husband [hʌ́zbənd] trouble [trʌ́bl] number [nʌ́mbər] another [ənʌ́ðər]

🎧 Check

💿 10

英単語が3つ発音されます。写真の英単語が何番目に読まれたか，○をつけなさい。英語は1回読まれます。

1.

duck

1番目　2番目　3番目

2.

cart

1番目　2番目　3番目

3.

clerk

1番目　2番目　3番目

Words and Phrases

too ... to ~：あまりに…で~できない
convenient [kənvíːniənt]：都合がよい
How about ...?：…はどうですか。　　route [rúːt]：路線

2-2

Daily Life

英文を聞き，それぞれの内容と最もよく合っているものを 1 つ選びなさい。
英文は 2 回読まれます。

1. 11
   ① The speaker is feeling down.
   ② The speaker is feeling happy.
   ③ The speaker is feeling proud.
   ④ The speaker is feeling well.

2. 12
   ① The speaker will go home.
   ② The speaker will go to Ken's house.
   ③ The speaker will have dinner with Ken.
   ④ The speaker will meet her family at a restaurant.

3. 13
   ① It will be cold today.
   ② It will be hotter today than yesterday.
   ③ It will be warm and windy today.
   ④ There will be no wind today.

4. 14
   ① The speaker advises Monica to change her clothes.
   ② The speaker doesn't like Monica's skirt.
   ③ The speaker is going to buy a skirt.
   ④ The speaker likes Monica's clothes.

1. ① ② ③ ④
   （5点）

2. ① ② ③ ④
   （5点）

3. ① ② ③ ④
   （5点）

4. ① ② ③ ④
   （5点）

Total		
		/20

Class ....

No. ....

Name ....

Target 3

まぎらわしい母音 [ɔː], [ou], [ɔi]

聞いてみよう！

[ɔː]	日本語の「オー」よりも広めに口を開き，唇を突き出して丸め，長めに発音する。		cause [kɔ́ːz] brought [brɔ́ːt] exhausted [igzɔ́ːstid] fault [fɔ́ːlt] taught [tɔ́ːt] drawing [drɔ́ːiŋ]
[ou]	二重母音であるので，[o] の音から[u]の音に移行するように発音する。日本語よりも唇を丸めて突き出す感じになる。		slope [slóup] approach [əpróutʃ] devote [divóut] gold [góuld] moment [móumənt] notice [nóutəs]
[ɔi]	二重母音であるので，[ɔ] の音から[i]の音へと移行するように発音する。後ろに[l]の音が続くと，[ɔː]との区別が難しくなる。		soy [sɔ́i] coin [kɔ́in] choice [tʃɔ́is] employ [implɔ́i] join [dʒɔ́in] oyster [ɔ́istər]

🎧 Check

 15

英単語が3つ発音されます。写真の英単語が何番目に読まれたか，○をつけなさい。英語は1回読まれます。

1.

bowl

1番目　2番目　3番目

2.

oil

1番目　2番目　3番目

3.

boy

1番目　2番目　3番目

Words and Phrases

down [dáun]：元気のない，落ち込んだ
proud [práud]：誇りを持っている
go well with ...：…によく合う

Photo Description

写真の内容を表す文として，4つの英文が読まれます。その中から，最も適切なものを1つ選びなさい。英文は1回読まれます。

Active Listening ②
Lesson 4

1.

① ② ③ ④

2. 🔘 17

① ② ③ ④

1. ① ② ③ ④
    （5点）

2. ① ② ③ ④
    （5点）

3. ① ② ③ ④
    （5点）

4. ① ② ③ ④
    （5点）

3. 🔘 18

① ② ③ ④

4. 🔘 19

① ② ③ ④

Total

/20

Class ....

No. ....

Name ....

! Target 4

まぎらわしい母音 $[ɔ:]$ と $[ɔ:r]$, $[ɑ]$ と $[ɑ:r]$, $[ʌ]$ と $[ə:r]$

聞いてみよう！

$[ɔ:]$ $[ɔ:r]$	$[ɔ:]$は日本語の「オ」よりも口を大きく開いて，のどの奥を広げて発声する音。イギリス英語では最後に$[r]$を響かせないため両者は同じ発音になる。	abroad [əbrɔ́:d] daughter [dɔ́:tər] thought [θɔ́:t] according [əkɔ́:rdiŋ] reward [riwɔ́:rd] sportsman [spɔ́:rtsmən]
$[ɑ]$ $[ɑ:r]$	$[ɑ]$は日本語の「ア」よりも大きく口を開いて，のどの奥のほうから声を出す。最後に$[r]$を響かせるかどうかで違いが出る。	block [blɑ́k] pocket [pɑ́kət] office [ɑ́(:)fəs] artist [ɑ́:rtəst] darkness [dɑ́:rknəs] pardon [pɑ́:rdn]
$[ʌ]$ $[ə:r]$	$[ʌ]$は日本語の「ア」に近く，口をあまり広げないで出す音。$[ə:r]$もあいまいな音で，最後に$[r]$を響かせる。	muscle [mʌ́sl] blood [blʌ́d] discussion [diskʌ́ʃən] certain [sə́:rtn] clerk [klə́:rk] nervous [nə́:rvəs]

🎧 Check

20

英単語が3つ発音されます。写真の英単語が何番目に読まれたか，○をつけなさい。英語は1回読まれます。

1.

port

1番目　2番目　3番目

2.

luck

1番目　2番目　3番目

3.

park

1番目　2番目　3番目

Words and Phrases

parking lot：駐車場
waterfall [wɔ́:tərfɔ̀:l]：滝
dry up：干上がる

Quick Responses

質問の英文に続いて，3つの英文が読まれます。質問に対する答えとして最も適切なものを1つ選びなさい。英文は1回読まれます。

Active Listening ②
Lesson 5

1. 🔘 21
　① 　　② 　　③

2. 🔘 22
　① 　　② 　　③

3. 🔘 23
　① 　　② 　　③

4. 🔘 24
　① 　　② 　　③

1. ① ② ③
　　　　　（5点）

2. ① ② ③
　　　　　（5点）

3. ① ② ③
　　　　　（5点）

4. ① ② ③
　　　　　（5点）

Total
/20

Class ....

No. ....

Name ....

! Target **5**

まぎらわしい子音 ［l］，［r］

聞いてみよう！

［l］	舌先を上の歯茎にしっかりと押しつけたままの状態で発音する。舌の両側から声を出すようなイメージとなる。語末や子音の前では「ウ」に近い暗い感じの音に聞こえる。		language [lǽŋgwidʒ] lucky [lʌ́ki] color [kʌ́lər] finally [fáinəli] flame [fléim] baseball [béisbɔːl]
［r］	日本語の「ラ」行の音は舌先が歯茎に軽く触れるが，英語の［r］の音では舌先はどこにも触れない。語末の［r］は，前の音に続けて，舌全体を上にあげる。		restaurant [résterənt] remain [riméin] arrive [əráiv] worry [wə́ːri] breakfast [brékfəst]

🎧 Check

25

英単語が３つ発音されます。写真の英単語が何番目に読まれたか，○をつけなさい。英語は１回読まれます。

1.

light

1番目　2番目　3番目

2.

grass

1番目　2番目　3番目

3.

pool

1番目　2番目　3番目

Words and Phrases
in a hurry：急いで
be from ...：…の出身である

Clothing

対話を聞いて，1.～4.の人物を，写真の①～⑥から選びなさい。
英文は2回読まれます。

Active Listening ②
Lesson 6

 26

1.	Keiko	①	②	③	④	⑤	⑥
2.	Monica	①	②	③	④	⑤	⑥
3.	Maria	①	②	③	④	⑤	⑥
4.	Yolanta	①	②	③	④	⑤	⑥

1. (　　)
（5点）

2. (　　)
（5点）

3. (　　)
（5点）

4. (　　)
（5点）

[Illustration of people with numbered labels ① through ⑥]

Total	
	/20

Class ....

No. ....

Name ....

! Target 6

まぎらわしい子音 [s], [z], [ʃ], [ʒ], [θ], [ð]

聞いてみよう！

[s] [z]	舌先を上の歯茎に近づけ, すきまをわずかに開けて強く息を出す。日本語のサ行の音と比べると鋭く響く。同じ形で声帯を振動させ有声音化すると[z]となる。		certain [sə́ːrtn] succeed [səksíːd] hospital [hɑ́spitl] express [iksprés] choose [tʃúːz] business [bíznəs]
[ʃ] [ʒ]	唇を丸く突き出し, 強く息を出す。日本語の「シャ, シュ, ショ」の音と比べると強く鋭く響く。有声音は[ʒ]である。		shark [ʃɑ́ːrk] shrine [ʃráin] action [ǽkʃən] impression [impréʃən] dash [dǽʃ] occasion [əkéiʒən]
[θ] [ð]	舌先を上下の前歯の間にあて, 上の歯と舌先のすきまから強く息を出す。有声音は[ð]である。		theater [θíːətər] thread [θréd] nothing [nʌ́θiŋ] athlete [ǽθliːt] truth [trúːθ] smooth [smúːð]

🎧 Check

英単語が3つ発音されます。写真の英単語が何番目に読まれたか，○をつけなさい。英語は1回読まれます。

1.

cloth

1番目　2番目　3番目

2.

shower

1番目　2番目　3番目

3.

wealth

1番目　2番目　3番目

Words and Phrases
blond [blɑ́nd]：金髪の

6-2

7 At the Store / Restaurant

英文を聞き，それぞれの内容と最もよく合っているものを1つ選びなさい。
英文は2回読まれます。

Active Listening ②
Lesson 7

1. 🔘 28

① The shirt fits the speaker well.

② The shirt is too small for the speaker.

③ The speaker does not like the color.

④ The speaker is going to buy the shirt.

1. ① ② ③ ④
（5点）

2. 🔘 29

① The speaker will not buy any notebooks.

② The speaker will pay one dollar in total.

③ The speaker will pay twelve dollars in total.

④ The speaker will pay twenty dollars in total.

2. ① ② ③ ④
（5点）

3. 🔘 30

① The speaker does not want any coffee.

② The speaker wants another cup of coffee.

③ The waiter will serve some black tea.

④ The waiter will serve some coffee with milk.

3. ① ② ③ ④
（5点）

4. 🔘 31

① The speaker knows a lot about Russian food.

② The speaker wants to decide what to eat.

③ This is the first time the speaker has recommended food.

④ This is the second time the speaker has eaten Russian food.

4. ① ② ③ ④
（5点）

Total

/20

Class ....

No. ....

Name ....

 **Target 7**

まぎらわしい子音 [b], [v], [f], [h]

聞いてみよう！

[b]	閉じた唇を急に開いて息を出す。[p]の有声音である。		benefit [bénəfit] birthday [bə́ːrθdèi] block [blák] bright [bráit] club [klʌ́b] globe [glóub]
[v]	下唇に上の前歯を軽くあて，そのすき間から息を出す。[f]の有声音であり，[b]とは違う音だが，日本語にない音なので区別しにくい。		valuable [vǽljuəbl] victim [víktim] survey [sə́ːrvei] reserve [rizə́ːrv] arrive [əráiv]
[f]	下唇に上の前歯を軽くあて，そのすき間から息を出す。[v]の無声音である。		family [fǽmli] fever [fíːvər] flame [fléim] staff [stǽf] tough [tʌ́f]
[h]	のどの奥から「ハー」と言うように出す音である。日本語のハ行と似た音だが音を出す位置が違う。[f]とは違う音である。		handle [hǽndl] history [hístəri] husband [hʌ́zbənd] neighborhood [néibərhùd]

 Check

 32

英単語が3つ発音されます。イラストの英単語が何番目に読まれたか，○をつけなさい。英語は1回読まれます。

1.

van

1番目　2番目　3番目

2.

vest

1番目　2番目　3番目

3.

food

1番目　2番目　3番目

Words and Phrases

fit [fít]：…に合う　　dozen [dʌ́zn]：12個，ダース　　in total：合計で

serve [sə́ːrv]：…を出す　　recommend [rèkəménd]：…を勧める

Picture Description

Answer Sheet

英文を聞き，それぞれの内容と最もよく合っているイラストを 1 つ選びなさい。英文は 2 回読まれます。

Active Listening ②
Lesson 8

1.

①   ②   ③   ④

1. ① ② ③ ④
（5点）

2. ① ② ③ ④
（5点）

3. ① ② ③ ④
（5点）

4. ① ② ③ ④
（5点）

2. 34

①   ②   ③   ④

3. 35

①   ②   ③   ④

Total

/20

4. 36

①   ②   ③   ④

Class

No.

Name

Target 8

まぎらわしい子音 [tʃ], [tr], [dʒ], [dr]

聞いてみよう！

[tʃ] [tr]	[tʃ]は1つの子音，[tr]は2つの子音の連続であるが，実際にはほとんど長さに差はない。また，[tr]の音は変化して，たとえばtrainは「チュレイン」のように発音されることが多いので，いっそう区別がつきにくくなる。	chain [tʃéin] / train [tréin] chew [tʃúː] / true [trúː] chip [tʃíp] / trip [tríp] cheat [tʃíːt] / treat [tríːt]
[dʒ] [dr]	[dʒ]は上記の[tʃ]の有声音，[dr]は[tr]の有声音である。上記の場合と同様に区別がつきにくい。	Jane [dʒéin] / drain [dréin] Jill [dʒíl] / drill [dríl] jaw [dʒɔ́ː] / draw [drɔ́ː] junk [dʒʌ́ŋk] / drunk [drʌ́ŋk]

 Check
 37

英単語が3つ発音されます。イラストの英単語が何番目に読まれたか，○をつけなさい。英語は1回読まれます。

1.

chase

1番目　2番目　3番目

2.

train

1番目　2番目　3番目

3.

dream

1番目　2番目　3番目

Words and Phrases

logo [lóugou]：ロゴ（マーク）

against [əɡénst]：…を背景にして

Studying Abroad

場面が日本語で書かれています。英文が読まれるので，イラストを見ながら聞きなさい。質問に対する答えとして最も適切なものを1つ選びなさい。英文は1回読まれます。

あなた（男子）はアメリカに留学中です。来週の授業で発表するプレゼンテーションの準備について，友達（女子）と話をしています。まず，友達からあなたに話しかけます。

1．あなたはどこで友達に会うか。

2．あなたは何を持っていくか。

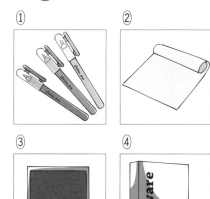

あなた（男子）はアメリカにホームステイ中です。あなたは，ホストマザーと，家の鍵について話をしています。まず，ホストマザーからあなたに話しかけます。

3．あなたはどこに家の鍵を置くか。

4．あなたは何をするか。

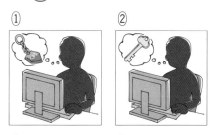

Active Listening ②
Lesson 9

1. ① ② ③ ④
（5点）

2. ① ② ③ ④
（5点）

3. ① ② ③ ④
（5点）

4. ① ② ③ ④
（5点）

Total

/20

Class

No.

Name

Target **9**

まぎらわしい子音 [θ] と [f], [ð] と [z] [d]

聞いてみよう！

[θ] [f]	[θ]は舌先を上の歯に触れさせて発音する語，[f]は上の歯で下唇をかんで発音する語であり，摩擦で発声する音であるという点で似通って聞こえる。	thousand [θáuznd] thing [θíŋ] theater [θíːətər] tenth [ténθ] funny [fʌ́ni] feet [fíːt] enough [inʌ́f] telephone [téləfòun]
[ð] [z] [d]	[ð]は上の歯に舌先を触れさせて発音する有声音。日本語にない音なので，[z]，[d]との区別がつきにくい。	their [ðéər] thus [ðʌ́s] farther [fáːrðər] bathe [béið] zoo [zúː] clause [klɔ́ːz] damage [dǽmidʒ] fade [féid]

🎧 **Check**

🔘42

英単語が 3 つ発音されます。写真の英単語が何番目に読まれたか，○をつけなさい。英語は 1 回読まれます。

1.

free

1番目　2番目　3番目

2.

dance

1番目　2番目　3番目

3.

thin

1番目　2番目　3番目

> **Words and Phrases**
> prepare for ... : …の準備をする
> noisy [nɔ́izi]：騒がしい
> lounge [láundʒ]：談話室
> laptop [lǽptàp]：ノートパソコン
> I got it. : わかりました。
> key chain : キーホルダー

Holidays

英検®

Answer Sheet

対話と質問を聞き，その答えとして最も適切なものを 1 つ選びなさい。
英文は 2 回読まれます。

Active Listening ②
Lesson 10

1. 🔘 43
   ① Bring his camera next time.
   ② Leave his camera at home.
   ③ Paint a picture.
   ④ Use his phone.

2. 🔘 44
   ① Three dollars.
   ② Ten dollars.
   ③ Thirteen dollars.
   ④ Thirty dollars.

3. 🔘 45
   ① To Mt. Fuji.
   ② To Nagano.
   ③ To the lake near Mt. Fuji.
   ④ To the sea.

4. 🔘 46
   ① Ken.
   ② Ken's father.
   ③ Ken's mother.
   ④ Ken's sister.

1. ① ② ③ ④
   （5点）

2. ① ② ③ ④
   （5点）

3. ① ② ③ ④
   （5点）

4. ① ② ③ ④
   （5点）

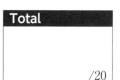

Total

/20

Class

No.

Name

! Target 10

まぎらわしい子音　子音＋[l]，[r]

聞いてみよう！

[p]＋[r, l] [b]＋[r, l]	problem [prábləm]，program [próugræm]， pleasure [pléʒər]，plantation [plæntéiʃən] breeze [bríːz]，branch [bræntʃ]，blank [blǽŋk]， blind [bláind]
[k]＋[r, l] [g]＋[r, l]	creation [kriéiʃən]，Christmas [krísməs]，client [kláiənt]， cloak [klóuk] greet [gríːt]，ground [gráund]，gleam [glíːm]， gloomy [glúːmi]
その他	frequent [fríːkwənt]，flutter [flʌ́tər]，spread [spréd]， splash [splǽʃ]

🎧 Check　 47

英単語が 3 つ発音されます。写真の英単語が何番目に読まれたか，○をつけなさい。英語は 1 回読まれます。

1.

flame

1番目　2番目　3番目

2.

play

1番目　2番目　3番目

3.

present

1番目　2番目　3番目

Words and Phrases

regular [régjələr]：通常の

stuffed animal：動物のぬいぐるみ

英文を聞き，それぞれの内容と最もよく合っているイラストを 1 つ選びなさい。英文は 2 回読まれます。

1.

①   ②   ③   ④

2.

①   ②   ③   ④

3.

①   ②   ③   ④

4.

①   ②   ③   ④

1. ① ② ③ ④
（5 点）

2. ① ② ③ ④
（5 点）

3. ① ② ③ ④
（5 点）

4. ① ② ③ ④
（5 点）

Total
/20

Class ....

No. ....

Name ....

まぎらわしい子音（語末にくる子音）

聞いてみよう！

■語末にくる子音は，意識して強く発音されなければほとんど聞こえない。とくに似た音の場合は区別が難しい。語末の子音が [z] や [d] などの有声音の場合には直前の母音がやや長めに発音される傾向はあるが，聞こえないことを前提に前後の文脈で判断することが必要なことも多い。

語末の [s, z]	pay [péi], pace [péis], pays [péiz] / lose [lú:z], loose [lú:s], loosen [lú:sn] / pea [pí:], peace [pí:s], peas [pí:z] / ray [réi], race [réis], raise [réiz]
語末の [t, d]	gray [gréi], great [gréit], grade [gréid] / her [hə́r], hurt [hə́:rt], heard [hə́:rd] / knee [ní:], neat [ní:t], need [ní:d] / plan [plǽn], plant [plǽnt], planned [plǽnd] / sea [sí:], seat [sí:t], seed [sí:d] / sigh [sái], sight [sáit], side [sáid]
語末の [m, n, ŋ]	see [sí:], seem [sí:m], seen [sí:n], seeing [sí:iŋ] / lie [lái], lime [láim], line [láin], lying [láiiŋ] / say [séi], same [séim], sane [séin], saying [séiiŋ]
その他	back [bǽk], bag [bǽg] / car [ká:r], cars [ká:rz], cards [ká:rdz] / eat [í:t], eats [í:ts], each [í:tʃ] / mass [mǽs], match [mǽtʃ], mash [mǽʃ] / deaf [déf], death [déθ], dead [déd]

🎧 **Check** 52

英単語が 3 つ発音されます。写真の英単語が何番目に読まれたか，◯をつけなさい。英語は 1 回読まれます。

1.

peace

1番目　2番目　3番目

2.

seat

1番目　2番目　3番目

3.

bag

1番目　2番目　3番目

Words and Phrases
at once：すぐに
cupboard [kʌ́bərd]：食器棚
drawer [drɔ́:r]：引き出し
dot [dát]：水玉（模様）

Numbers

対話の場面が日本語で書かれています。対話とそれについての質問を聞き，答えとして最も適切なものを１つ選びなさい。英文は２回読まれます。

Active Listening ②
Lesson 12

1. キャンパスツアーについて話をしています。

①  ②  ③  ④

1. ① ② ③ ④
(5 点)

2. ① ② ③ ④
(5 点)

2. 空港のロビーで話をしています。

①  ② 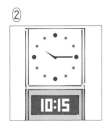 ③  ④

3. ① ② ③ ④
(5 点)

4. ① ② ③ ④
(5 点)

3. 会社の受付で話をしています。

4. 映画に行く日時について話をしています。

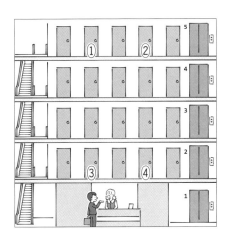

①

Sun	Mon	Tue	Wed	Thu
21	22 Sakura Sta. 5 p.m.	23	24 Meet Uncle	25

②

Sun	Mon	Tue	Wed	Thu
21	22 Meet Uncle	23	24 Sakura Sta. 5 p.m.	25

③

Sun	Mon	Tue	Wed	Thu
21	22 Meet Uncle	23	24	25 Sakura Sta. 5 p.m.

④

Sun	Mon	Tue	Wed	Thu
21	22 Sakura Sta. 5 p.m.	23	24	25 Meet Uncle

Total

/20

Class

No.

Name

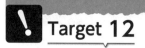
数字の聞き取り（基数・序数）

聞いてみよう！

基数	大きな数字は3けたごとに区切られる。		541
	100,000	one hundred thousand	4,221
	1,000,000	one million	4,141,826
	1,000,000,000	one billion	32,094,828,275
序数	1st, 2nd, 3rd	first, second, third	18th
	4th, 10th, 11th	fourth, tenth, eleventh	53rd
	21st, 32nd, 48th	twenty-first,	439th
		thirty-second,	3,459th
		forty-eighth	
	100th, 1000th	one hundredth,	
		one thousandth	

 Check　　　　　　　　　　　　　　　　　 57

英文を聞いて，空所にあてはまる数字を書きなさい。英文は1回読まれます。

1. My father will be （　　　　　　　） this month.

2. The company was ranked （　　　　　　　） last year.

3. （　　　　　　　　　　） people visited Expo '70.

Words and Phrases
boarding [bɔ́ːrdiŋ]：搭乗

News

英文に関する質問の答えとして最も適切なものを１つ選びなさい。
英文は１回読まれます。

1. A news reporter is speaking on the radio.

   How many people finished running within the time limit?

   ① 42.

   ② 250.

   ③ 750.

   ④ 1,000.

2. A man is leaving a message to his friend.

   How much is the bag now?

   ① 3,000 yen.

   ② 6,000 yen.

   ③ 9,000 yen.

   ④ 12,000 yen.

3. A teacher is talking to her students.

   What is William's record?

   ① 9.5 seconds.

   ② 10.5 seconds.

   ③ 11.3 seconds.

   ④ 11.7 seconds.

4. A news reporter is speaking on the radio.

   How long does it usually take from the City Hall to Green Park?

   ① 15 minutes.

   ② 30 minutes.

   ③ 45 minutes.

   ④ 1 hour.

1. ① ② ③ ④
    (5 点)

2. ① ② ③ ④
    (5 点)

3. ① ② ③ ④
    (5 点)

4. ① ② ③ ④
    (5 点)

Total

/20

Class ....

No. ....

Name ....

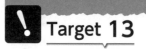

Target 13
数字の聞き取り（分数・小数）

分数	分子を基数，分母を序数で表す。分子が複数のときは，分母の序数を複数形にする。 1/2, 1/3, 1/4, 3/8, 23/97, $5\frac{7}{9}$ a [one] half, a [one] third, a [one] fourth, three eighths, twenty-three ninety-sevenths, five and seven ninths	1/11 3/13 5/17 $16\frac{2}{7}$
小数	小数点以下は1つずつ読む。 0.123, 13.572, 275.0048 (zero) point one two three, thirteen point five seven two, two hundred seventy-five point zero zero four eight	0.75 15.273 89.0011 471.33

🎧 Check

英文を聞いて，空所にあてはまる数字を書きなさい。英文は1回読まれます。

1. This package weighs (　　　　　　) kilograms.

2. "A quarter" means (　　　　　　).

3. This model of Osaka Castle is (　　　　　　) inches high.

Words and Phrases
within [wiðín]：…以内に
give up ～ing：～することをあきらめる
break a record：記録を破る

Conversation

対話に関する質問の答えとして最も適切なものを１つ選びなさい。
英文は１回読まれます。

1. A girl is talking to her teacher. ◎ 63

   How long did Mr. Thomas live in Australia?

   ① For 2 years.
   ② For 8 years.
   ③ For 10 years.
   ④ For 19 years.

2. A tour guide is talking to people. ◎ 64

   When was the present building built?

   ① In 600.
   ② In 1397.
   ③ In 1955.
   ④ In 1965.

3. A man is talking to a woman. ◎ 65

   What time will their train come?

   ① At 10:00.
   ② At 10:03.
   ③ At 10:13.
   ④ At 10:30.

4. A man is talking to a woman. ◎ 66

   What time will they meet?

   ① At 5:20.
   ② At 5:40.
   ③ At 6:00.
   ④ At 6:20.

Target 14

数字の聞き取り（年号・時刻）

聞いてみよう！

年号	1999年までは，数字を 2 つずつまとめて言う。		1517
	885	eight eighty-five	1776
	1998	nineteen ninety-eight	1853
	2009	two thousand nine	1990
	2018	two thousand eighteen[twenty eighteen]	2001
	2021	twenty twenty-one	2017
時刻	時間，分の順に並べて言う。後ろの[　　]内の言い方も知っておこう。		3:11
			4:33
	11:10	eleven ten[ten past eleven]	6:15
	6:50	six fifty[ten to seven]	7:55
	9:15	nine fifteen[a quarter past nine]	10:02
	10:00	ten o'clock	11:55

 Check 67

英文を聞いて，空所にあてはまる年号か時刻を書きなさい。
英文は 1 回読まれます。

1. My brother was born in (　　　　　　).

2. Nazi troops invaded France in May (　　　　　　).

3. Our school starts at (　　　　　　) a.m. and ends at
   (　　　　　　) p.m.

Words and Phrases
exactly [igzǽkʌli]：正確に，ちょうど
delay [diléi]：…を遅らせる

14-2

Graphs

英文と質問を聞き，その答えとして最も適切なものを1つ選びなさい。
英文は1回読まれます。

1. 68

① 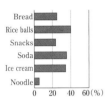　② 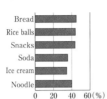　③ 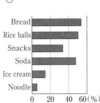　④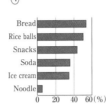

2. 69

① 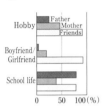　② 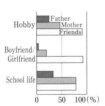　③ 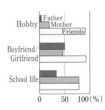　④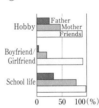

3. 70

① 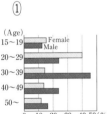　② 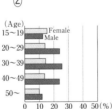　③ 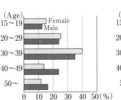　④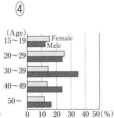

4. 71

① 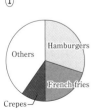　② 　③ 　④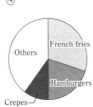

1. ① ② ③ ④
（5点）

2. ① ② ③ ④
（5点）

3. ① ② ③ ④
（5点）

4. ① ② ③ ④
（5点）

Total

/20

Class

No.

Name

数字の聞き取り（金額・単位）

聞いてみよう！

金額：通貨の単位の聞き取りにも注意。簡単な計算が必要になる場面も多い。	$3.58	three dollars (and) fifty-eight cents three point five eight dollars three fifty-eight
	¥10,500 £12.5	ten thousand (and) five hundred yen twelve pounds (and) fifty pence twelve point five pounds twelve and a half pounds
長さなどの単位：メートル法以外の単位が用いられることがあるので注意。	長さ 重さ 広さ 容積	meter, inch, foot, yard, mile gram, ton, ounce, pound square meter, square mile, acre cubic meter, liter, pint, gallon

Check

 72

英文を聞いて，空所にあてはまる数字を書きなさい。英文は1回読まれます。

1. I ordered the book for (　　　　　) dollars and (　　　　　) cents.

2. The baggage weighed more than (　　　　　) pounds.

3. Boil a cup of beans in (　　　　　) pints of water for (　　　　　) minutes.

Words and Phrases
only a few ... : ほんの少しの…
skip [skíp] : …を抜かす
tend to ～ : ～する傾向がある
crepe [kréip] : クレープ

英文と質問を聞き，その答えとして最も適切なものを 1 つ選びなさい。
英文は 2 回読まれます。

Active Listening ②
Lesson 16

1. 73
   ① 205-3189.
   ② 205-5179.
   ③ 205-5197.
   ④ 5197-3189.

1. ① ② ③ ④
   （5点）

2. 74
   ① 115.
   ② 318.
   ③ 462.
   ④ 705.

2. ① ② ③ ④
   （5点）

3. ① ② ③ ④
   （5点）

4. ① ② ③ ④
   （5点）

3. 75
   ① Press 1.
   ② Press 3.
   ③ Press 6.
   ④ Visit a website.

4. 76
   ① liam_smith@greenhighschool.ed.jp
   ② liamsmith@greenhighschool.ed.jp
   ③ liam-smith@greenhighschool.ed.jp
   ④ Liam_Smith@greenhighschool.ed.jp

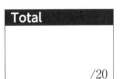

Total

/20

Class ....

No. ....

Name ....

16-1

数字の聞き取り（電話番号・アドレス）

聞いてみよう！

電話番号：同じ数字が続くときに間違えやすい。	082-234-6800 67-4-2851-7874
メールアドレスなど： 　@ (at)，-(hyphen)，.(dot)，:(colon)， 　/(slash)などの記号の読みに注意する。	cbrown@daiichi-mail.com http://www.central.co.uk

🎧 **Check**

 77

英文を聞いて，空所にあてはまる数字や文字を書きなさい。
英文は1回読まれます。

1. Please call me on the number below :

　(　　　　　　　　　　　　　　　　　　　　).

2. You can contact us by email.　The address is :

　(　　　　　　　　　　　　　　　　　　　　).

3. Please check out my blog.　The URL is

　(　　　　　　　　　　　　　　　　　　　　).

> **Words and Phrases**
> make contact with … : …と連絡をとる
> in advance : 前もって，事前に
> extension number : 内線番号
> operator [ápərèitər] : 電話交換手，（電話の）担当者
> lower case : 小文字の
> underscore [ʌ́ndərskɔ̀ːr] : 下線，アンダーバー

Conversation

対話の場面が日本語で書かれています。対話とそれについての質問を聞き，答えとして最も適切なものを 1 つ選びなさい。英文は 2 回読まれます。

Active Listening ②
Lesson 17

1. 駐車場について話をしています。

2. 体調について話をしています。

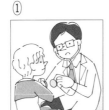 

1. ① ② ③ ④
（5点）

2. ① ② ③ ④
（5点）

3. ① ② ③ ④
（5点）

4. ① ② ③ ④
（5点）

3. 博物館の展示物について話をしています。

4. 友人にあげる誕生日プレゼントについて話をしています。

Total

/20

Class

No.

Name

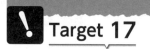

Target 17

短縮形・省略形

代名詞＋助動詞 [be-動詞]	I am→I'm / you are→you're he is→he's / she has→she's we had→we'd / they would→they'd	I'm tired as I've been driving for hours.
助動詞 [be-動詞] ＋not	are not→aren't / do not →don't does not→doesn't have not→haven't / will not →won't would not→wouldn't must not→mustn't	The girl doesn't know how to love someone. The doctor says you wouldn't suffer anymore.
その他	because→'cause and→'n'	I'm happy to be at the concert 'cause I love rock'n'roll.

 Check 82

英文を聞いて，空所にあてはまる英語を書きなさい。１語とは限りません。英文は１回読まれます。

1. (　　　　　　) a nice day today, isn't it?

2. If you go there, (　　　　　　　　) delighted to be your guide.

3. (　　　　　　　　　　　) the U.S. three times.

Words and Phrases
park [pá:rk]：…を駐車する
round [ráund]：円い
degree [digríː]：度
statue [stǽtʃuː]：像

Photo Description

写真の内容を表す文として，4つの英文が読まれます。その中から，最も適切なものを1つ選びなさい。英文は1回読まれます。

Active Listening ②
Lesson 18

1. ① ② ③ ④
（5点）

2. ① ② ③ ④
（5点）

3. ① ② ③ ④
（5点）

4. ① ② ③ ④
（5点）

1. 🔘 83

①　　②　　③　　④

2. 🔘 84

①　　②　　③　　④

3. 🔘 85

①　　②　　③　　④

4. 🔘 86

①　　②　　③　　④

Total

/20

Class

No.

Name

Target 18

英文のリズム

聞いてみよう！

■文の中で，強い部分と強い部分の間隔はほぼ同じ長さで読まれる。その間の弱い部分はまとめて速く発音されるので，文全体として一定のリズムを形成する。

> Birds fly.
> Some birds are flying.
> Some white birds are flying up in the sky.
> A girl is watching some white birds flying up in the sky.

Check 🎧 87

英文を聞いて，空所にあてはまる単語を書きなさい。英文は 1 回読まれます。

1. (　　　　　) is it going?──Oh, (　　　　　) is all right.

2. Are you (　　　　　) to (　　　　　)?
   ──Yes, two (　　　　　), please.

3. Tomorrow, it'll be (　　　　　) in the morning with some light (　　　　　).

Words and Phrases
stretch out for ... : …に手を伸ばす
drone [dróun] : ドローン
cosplayer [kásplèiər] : コスプレをする人
point at ... : …を指さす
feed [fíːd] : …にえさを与える
aquarium [əkwéəriəm] : 水族館

Telling the Way

あなたは Tourist information office を探しています。道案内の場面の話を聞き，1.～4.の場所が下の地図中のどこに当たるか，ア～テの記号で答えなさい。英文は2回読まれます。 🔘 88

1. Supermarket　　　　　　　　　（　　　）

2. Park　　　　　　　　　　　　　（　　　）

3. Drugstore　　　　　　　　　　（　　　）

4. Tourist information office　　　（　　　）

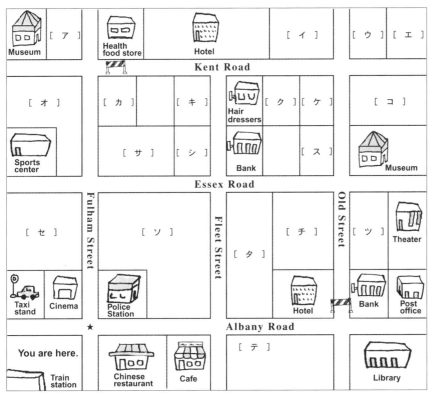

Active Listening ②
Lesson 19

1. （　　）
　　　　（5点）

2. （　　）
　　　　（5点）

3. （　　）
　　　　（5点）

4. （　　）
　　　　（5点）

Total

/20

Class ....

No. ....

Name ....

! Target 19

イントネーション

■イントネーションとは，言葉を話すときの音の高低の変化のことである。
イントネーションの違いによって，同じ表現でも異なった意味合いになる
場合があるので注意。

He likes music (./?) (平叙文／疑問文)	↘	彼は音楽が好きです。	普通に説明
	↗	彼は音楽が好きですか。	質問
		彼は音楽が好きですって？	驚き，聞き返し
Shut the window, please. (命令文)	↘	窓を閉めてください。	依頼・命令
	↗	窓を閉めてくださいますか。	よりていねいな依頼
You've done it, haven't you? (付加疑問文)	↘	あなたがやりましたね。	確信して念押し
	↗	あなたがやったのですね。	確信がもてず質問
Would you like some tea or coffee? (選択疑問文)	↘	お茶とコーヒーのどちらがいいですか。	言った中から選択
	↗	お茶かコーヒーか，それともほかに？	言った以外の選択肢も暗示

 Check

イントネーションに注意しながら英文を聞いて，その意味合いとして適切な
ほうを a. か b. かで答えなさい。英文は1回読まれます。

1．a. 普通に説明　　　　　　　b. 質問

2．a. 確信して念押し　　　　　b. 確信がもてず質問

3．a. 言った中から選択　　　　b. 言った以外の選択肢も暗示

> **Words and Phrases**
> intersection [ìntərsékʃən]：交差点
> end [énd]：端
> across from ...：…の向かいに

At the Store / Restaurant

Answer Sheet

対話の場面が日本語で書かれています。対話を聞き，質問の答えとして最も適切なものを１つ選びなさい。英文は１回読まれます。

Active Listening ②
Lesson 20

1．男性が衣料品店で服を選んでいます。 🔘 90

What will the man do in a few days?

① Check a website.

② Create a larger shirt.

③ Get a call from the shop.

④ Make a call to the shop.

1. ① ② ③ ④
（5点）

2. ① ② ③ ④
（5点）

2．女性がフリーマーケットで買い物をしています。 🔘 91

How much will the woman pay?

① $9.

② $10.

③ $18.

④ $20.

3. ① ② ③ ④
（5点）

4. ① ② ③ ④
（5点）

3．女性がファーストフード店で注文をしています。 🔘 92

What will the woman have with her hamburger?

① Lettuce.

② Lettuce and cheese.

③ Lettuce and tomato.

④ Tomato.

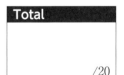

Total

/20

4．夫婦がレストランで話しています。 🔘 93

Why is it difficult for the woman to decide?

① Because neither is her favorite.

② Because she is full.

③ Because she is not having a set menu.

④ Because she loves both items.

Class

No.

Name

! Target 20

意味のまとまり

■長い文が話されるとき，意味のまとまりごとに短いポーズ（休止）が置かれる。ポーズをどこに置くかは個人差があるが，次のようなところに置かれる傾向がある。

> I think / he is a true genius at mathematics.
> He escaped from the building / when he saw a security guard.
> Many people / use their cellphone / on trains and buses / even when they are told not to.

1．主部：複数の語が一つの主語を形成
2．述部：動詞＋目的語／動詞＋補語
3．前置詞句：前置詞＋場所や時を表す語句
4．副詞節・名詞節：接続詞に導かれる節
5．関係詞節：前の語句の追加説明

 Check

英文を聞いて，ポーズを置いて読まれた箇所に区切りのマーク（/）を入れなさい。英文は1回読まれます。

1．The point is that you have to try your best.

2．I know the woman who is talking with my friend.

3．I have a lot of things to do before going home.

> **Words and Phrases**
> a couple of ... : 2，3の…
> as soon as ... : …するとすぐに
> discount [dískaunt] : 値引き
> out of stock : 売り切れで
> at the moment : 今のところ，現在

訂正情報配信サイト 17461-02
利用に際しては，一般に，通信料が発生します。

https://dg-w.jp/f/41ce6

ナレーター
Bianca Allen（アメリカ）
Brad Holmes（オーストラリア）
Dominic Allen（アメリカ）
Emma Howard（イギリス）

Active Listening ❷
SECOND EDITION 音声配信対応版

2020年1月10日　初版　　第1刷発行	神戸市外国語大学名誉教授
2022年1月10日　改訂2版　第1刷発行　監　修	甲南大学教授
2023年1月10日　改訂2版　第2刷発行	野村　和宏

英文校閲　甲南大学准教授　Stanley Kirk

発 行 者　松本　洋介
発 行 所　株式会社 第一学習社

広島：〒733-8521　広島市西区横川新町7番14号　☎082-234-6800
東京：〒113-0021　東京都文京区本駒込5丁目16番7号　☎03-5803-2131
大阪：〒564-0052　吹田市広芝町8番24号　☎06-6380-1391

札　幌☎011-811-1848　　仙　台☎022-271-5313　　新　潟☎025-290-6077
つくば☎029-853-1080　　東　京☎03-5803-2131　　横　浜☎045-953-6191
名古屋☎052-769-1339　　神　戸☎078-937-0255　　広　島☎082-222-8565
福　岡☎092-771-1651

書籍コード　17461-02

＊落丁，乱丁本はおとりかえいたします。
　解答は個人のお求めには応じられません。

ISBN978-4-8040-2290-1　　ホームページ　http://www.daiichi-g.co.jp/